\幸せを呼ぶ/
「まつげ」の魔法
Women & Men Extension

プリティスト・アイ
オーナー
鈴木 愛

笑がお書房

プロローグ

まつげエクステとの出会い
たかがまつげされどまつげ
まつげを付けたらコクられました
ほんと？ まつげを付けたら人生が変わりますか？
私にも起こるかしら、こんなこと
まつげを付けたあの日から
何かが背中を押してくれる
魔法にかかったみたいに変わっていく

こんにちは、「最上級の可愛い」を作る「プリティスト・アイ」の鈴木愛です。

スタイリストやネイリストがあるように可愛くしてあげる人をプリティストと名づけました。サロンの名前にもなっています。

全ての方に、外見も心も素敵になって頂きたくて、まつげエクステサロン経営と施術。美容学校などで講師・講演活動をしています。お目元の印象でお顔が100％変わるメソッドを考案し、毎日まつげという数センチの世界の素晴らしさをお伝えしています。目元を縁取るまつげの存在は、人生を左右するくらい重要なのです。

私は小さい頃から、目が小さいのがコンプレックスでした。そのコンプレックスを何とかしたくて職業に美容師を選びました。メイクを学び、エステティシャンになり、社交ダンスも身につけ、目力を追求してきました。が、しかし小さい目はそのままでした。

大人になって半分諦めていた頃、職場の先輩がある日、綺麗な、ま

なざしになって出勤してきました。いつもはマスカラのつけすぎで、ダマダマヒジキだった目が、すっきり綺麗にナチュラルにパッチリしています。
「今日はなんだか、とても綺麗なんですけど、先輩、何か変えましたか？」
　と言葉が出てしまいました。
「ああ、これ？　まつげエクステをしたのよ」
「まつげエクステですか？　それ、私にもできますか？」
「うん、誰でもできると思うよ」
　これがまつげエクステとの出会いです。
　実際にサロンでやってみました。
「ええっ！これ私？」
　カールのあるまつげが付いて、ひとまわり大きく見えます。イメージも柔らかい。
「嬉しい！」
　小さい目で悩んでいたのが嘘みたいです。
　それから、人生が音を立てるように変わり始めました。自分に自信をもてるようになったことでポジティブになり、行動が変わり夢を形にできたのです。
「すごい！」
「こんなすごいものがあるんだ」
　すっかりまつげエクステの虜になった私は、その素敵な技術を自分だけでなく、みなさんに届けたくてお仕事にしました。
「幸せにな〜れ！笑顔にな〜れ！」
　たくさんお話を聞いて、そして真心込めてまつげを付けてあげまし

た。悩んでいる人がいたら、悩みを取り除き元気になってほしいと、お茶を飲みながら対話もしました。一期一会です。出会いを大切に、できることを精一杯施しました。

　15年間、約3万人のお客様。

　みなさん、まつげが付いて、生まれ変ったお顔は笑顔になり、どんどん幸せを手にしていきました。

「こんなことが起きるなんて、まるで魔法をかけてもらったよう」

　とお客様は高揚しました。この「魔法」のようなアイビューティーの世界を、多くの方々にお伝えしたいと本にしたのが本書です。

　この本では、まつげエクステを付けた後、さらに成功と幸せを手に入れたお客様のエピソードも交えて紹介しています。女性だけではなく男性も、また性別・立場関係なく、どんな人もキラキラ輝くための提案です。

　私は目(お顔)を見た瞬間に、その方に似合うデザインがパッとうかんできます。

　お顔のバランス、目のパーツの位置、瞳の大きさ、まつげの量や長さ、太さ、生え方、洋服や髪型、全体の雰囲気などからリサーチして、オートクチュールで提案しています。カウンセリングでは、夢を叶えるための目線や眼差しの作り方もお伝えしたいと思います。

　この本が、皆さんの未来が輝くための一助となれば嬉しく思います。

鈴木　愛

contents

プロローグ ………………………………………………… 3

Chapter 0
「えっ！これ私？」ときめきからドラマが生まれた！

1. 横顔美人で婚活成功まつげ ………………………… 12
2. 結婚35周年、幸せ続くまつげ ……………………… 14
3. チャンスをつかむまつげ …………………………… 15
4. 人気者になるまつげ ………………………………… 17
5. 年下に受けるアニメ風まつげ ……………………… 18

Chapter 1
まつげエクステの魅力と魔法

まつげエクステンションとは ………………………………… 22
自まつげの性質 ………………………………………………… 23
まつげエクステの魅力と魔法 ………………………………… 24
代表的な3つのデザインによるバリエーション …………… 28
まつげエクステはこんなに良いことだらけ ………………… 29
お顔のイメージによる顔分析診断 …………………………… 30
　・顔のパーツ1（目の位置）……………………………… 30
　・顔のパーツ2（目の大小、掘り）……………………… 31
　・顔のパーツ3（黒目の位置）…………………………… 32
まつげエクステは錯覚を活かしたデザインの魔法 ………… 32

カラーバリエーション ……………………………………… 34

・カラーの効果 …………………………………………… 34

不自然にならない、似合っていることが一番大切 ……… 35

個性を活かすトータルビューティーを提案…………………… 36

・アイブロウとのコラボレーションで目元が華やかに ……… 37
・まつげエクステは安心・安全の理論、技術が重要 ……… 37

Chapter 2
まつげエクステで 10 歳若見え

まつげが上がる・目線が上がる→心も上がる…………… 40

・ほうれい線とまつげエクステ ………………………… 40

若々しく開運する 5 つの秘密 …………………………… 41

（1）カールは色気………………………………………… 41
（2）目から恋の種が飛んで行け ……………………… 42
（3）デザイン重視……………………………………… 42
（4）メガネでもやった方がいいまつエクの効果 ……… 42
（5）好きと言わせる、まなざしマジック!! ……………… 43

若見えで、チャンスを広げる ……………………………… 44

・何歳でも美しくなれる若見え法則 …………………… 44
・若見えのポイントは、髪とまつげのバランス ………… 45
・話し方・声のトーンで 7 歳変わる …………………… 46
・バランス良く見えるスタイル作り ……………………… 46
・若見えする実践ポイント ……………………………… 47

Chapter 3
メンズまつげでイケメンに！

- メンズはどんな効果があるの？ …………………………… 52
- メンズまつげエクステは、こんな人におすすめ！ ………… 53
- さらに上級者向けメンズまつげエクステ ………………… 54
- メンズまつげエピソード集 …………………………………… 55
  - ・スタイリッシュ系で彼女ができた！ ……………………… 55
  - ・コンプレックス克服まつげ ………………………………… 56
  - ・ジェンダーレスファッションにも似合うまつげ ………… 56
  - ・エイジング☆メンズ若見えまつげ ………………………… 56
  - ・モチベーション上がるまつげ ……………………………… 57
  - ・メンズまつげエクステ応援実践レシピ …………………… 57

Chapter 4
私にもこんなこと起きるかしら？
〜悩みから希望へ！　幸福を掴んだ女性たちのエピソード〜

1. 乗り越えるまつげ …………………………………………… 60
2. 空間まで癒してしまう、誰よりも優しいまつげ ………… 63
3. 若見えまつげ「50 代の今が一番モテ期です」………… 64
4. 親切にされる笑顔まつげ …………………………………… 67
5. 赤いまつげで仕事運もアップ？ …………………………… 69

Chapter 5
なぜエクステで運命が変わる？

- こんな原理で魔法が完成 …………………………………… 72

- ・魔法の幸せループへの流れ ………………………… 72
- ・まつげと前髪のバランス ……………………………… 72
- ・メイクのポイント ……………………………………… 74
- ・まつげと洋服とのイメージ …………………………… 76
- ・男性人気ナンバー1のまつげデザインはこれ ……… 76
- ・瞬きのしぐさは優雅に ………………………………… 77
- ・美しく見えるスマホの見方・持ち方・クロスの法則 ……… 77
- ・コンプレックスをチャンスに変えるスレンダーまつげ ……… 77
- ・まつげマジック ………………………………………… 78
- ・洋服も広がりにくい、シンプルなデザインを選びましょう … 78
- ・まつげ健康チェック …………………………………… 79
- ・まつ育ポイント ………………………………………… 79

よくわかる「つけまつげ」と「まつげエクステ」 ………… 82
- ・社交ダンスメイクも魔法をかける …………………… 83

運気をもっと上げるために!! ……………………………… 86
- ・まつげ＋夢×行動＝幸福な未来 ……………………… 86
- ・一番大事なのは、自分自身をどう見るか …………… 87
- ・アルファ型美人とベータ型美人 ……………………… 90

Chapter 6
幸せを手に入れる15の法則

1. 表情が決め手！心の笑顔のつくり方 ………………… 92
2. 流れを良くする方法 …………………………………… 93
3. 裏返しの法則 …………………………………………… 93
4. タイミング合わせの法則 ……………………………… 94
5. 優しくされると、誰かに優しくしたくなる原理 ……… 95

6. 「相性力」……………………………………… 95
7. 持ち応える力、成功するための心の体力 ………… 96
8. 好きな人に愛される3つのレシピ ……………… 97
9. 境涯革命計画表 ……………………………… 98
10. どうしてもの法則 …………………………… 99
11. もう少し目が大きかったら ………………… 100
12. 顔は毎日変わる ……………………………… 102
13. 心身が健康であること ……………………… 103
14. 刺激と癒し …………………………………… 104
15. あなたが、あなたの一番の味方 …………… 104

Chapter 7
心の10チャンネル

負けない人生 ………………………………………… 108
最強! 心の10チャンエル …………………………… 109
チャンスのつかみ方 ………………………………… 110
「あなたに会えて良かった」 ………………………… 111
こんなに変わることのできるまつげエクステ ……… 111
支援のまつげエクステ、被災地で貢献 …………… 113
Team AI サポーターの会 ………………………… 114

エピローグ …………………………………………… 116

Chapter 0

「えっ！これ私？」
ときめきから
ドラマが生まれた！

「プリティスト・アイ」を初めて訪れる人は、施術を終えると手鏡で自分を見て、
「えっ！これ私？」
と驚嘆し、ときめきを覚えます。
　まつげエクステの魅力を紹介する前に、そのときめきが生んだ５人のドラマチックなエピソードからとりあげてみましょう。

1．横顔美人で婚活成功まつげ
「きみ、何か変わったよね」と声をかけられ結婚へ

 Before

　渋谷の会社にお勤めのＡさん（36歳）がサロンにいらっしゃいました。結婚という夢を叶えたいんですね。顔立ちも綺麗だし、結婚はご縁の問題だから悩むこともないとは思うけど、もう少し柔らかい女性らしい雰囲気があれば、変化が起きそうです。
　目元にＣカールでクルンとした柔かい印象を付けます。髪にパーマをかけるのと同じように華やかに色っぽさも出ると思います。
　太さ0.15ミリ、50本ずつ。真ん中に主張のある長めのキュート系がお似合いになると思います。

Chapter 0 「えっ!これ私?」ときめきからドラマが生まれた!

　初めての施術は、どうなるかドキドキですよね。1時間後、まつげを付けたら一気にお顔が華やかに変化しました。ドレスをまとったみたい。とても素敵です。
「これ、わたし?」手鏡を手にして驚いていらっしゃいます。下がっていたまつげがエクステを付けたことで上向きになって瞳に光が集まってきます。

 After

　再来店では、「聞いてくださいよ、あれからオフィスで隣りの席の男性になんと!
「君、何か変わったね」って言われ、お昼休みにランチに誘われてね。会社の近くのイタリアンなんだけど。実はいいなと思っていた人なんです。

　最近、移動して来た人。年上だから結婚しているだろうなと諦めていたんです。それがなんとバツイチだったの!それでね。お付き合いすることになったんです」
　とても嬉しそうな笑顔です。

それからお付き合いが始まりました。彼にお子さんがいらっしゃることで悩んでいましたが半年後、プロポーズされて結婚へ。夢が叶いましたね。おめでとうございます。

　お付けしたまつげのデザインは絶対的横顔美人のキュート形デザイン。横顔がはっきり、目がパッチリに主張するデザインでしたから、隣の席の彼から見える彼女の横顔は圧倒的上向きカール。潤んだまなざしに、声をかけられずにいられません。

　目の真ん中が長いキュートデザインは比較的、誰でも似合いやすいナチュラルなデザインです。

2．結婚35周年、幸せ続くまつげ
「もう60歳なんですけど、私にもエクステできますか？」

 Before

　お肌が綺麗で上品なイメージの白金（東京都港区）からいらしたお客様。髪もキチンと手入れして美しいマダムという感じです。「娘に言われて来ました」と照れくさそう。「自然にしてください」
　とのリクエスト通り、元々のパッチリした眼差しを活かすように、自まつげと同じ0.1ミリと細めのエクステをナチュラルデザ

インで。長さも8〜10ミリと控えめです。大きい眼には、やりすぎは禁物。

 After

「あのね、あの後、結婚記念日に行った旅行でホテルに着いて、うたた寝していたら、主人から「まつげが長くて寝顔がお人形さんみたいだったよ」と褒められたの。そんなこと言われたのは何十年ぶりかしら。

　主人は若いときガールフレンドが沢山いて、私、随分心配したりヤキモチやいたりしました。最近はもう定年だからそうでもないんですけど。お昼寝の寝顔を見られるなんて思ってもみなかったわ。まつげエクステを付けていて良かったわ」

3．チャンスを掴むまつげ
初めてご来店のお客様で、自称20代No.1営業職。
「私、歌手になりたいんです！」

 Before

「子供の時から歌が好きでみんなの前で歌いたくて。でも、才能

ないんです。顔も可愛くないし。ただ、あきらめきれなくて」

歌手になるトレーニングなどはされていますか？

「いいえ、気持ちはあるんだけど、周りはみんなかわいい子ばかりだし、なんか余計に落ち込んでしまいそうでレッスンに行けないんです」

　営業職で売上№1と言われるわりに消極的な発言です。夢を叶えたいなら、まつげを付けて頑張りましょうよ！

　選んだのは、彼女のお顔立ちを活かすエレガントデザイン。やる気がありエネルギッシュに見える、とっておきのデザインです。

　まつげが扇形に広がり、モチベーションも上がって見えます。これで歌ったら、彼女の良さを伝えらえそう。

　1時間後、出来上がりました。大きな瞳に、シャンデリアの光のダイヤモンドが集まっています。まるで、アニメの女の子みたい。帰り道、最寄り駅にあるボイストレーニングのスクールに入学されたそうです。一歩、踏み出されましたね。

Chapter 0 「えっ!これ私?」ときめきからドラマが生まれた!

 After

「まつげエクステを付けたらオーデションに受かりやすくなったんです!

　あの日から、少し自信がもてるようになって、ボイトレ通って仕事もがんばりました。

　前は落ちていたオーデションに受かるようになったんです。まつげエクステしてからモチベーションが上がったんです!」

4．人気者になるまつげ
「落ち込むことないんだ」カフェでバイトしている高校生

 Before

　3ヵ月間お付き合いしたクラスメイトの彼に振られてしまいました。あまりの落ち込みように、元気を出して欲しいとお母様がサロンに連れてきてくださいました。彼のことは大好きだったようで、失恋の痛手は大きそうです。

「施術代はバイトしているから自分で払うのよ」と言われて、大切なバイトのお給料をまつげエクステに使ってくださいました。

「可愛くしてください」うつむき加減に言われました。高校生なのでナチュラルにしましょう。0.1ミリの細いエクステをお試しの30本ずつ。

 After

「聞いてください！ あれからクラスの女子の間で「可愛い、可愛い」って話題になって、隣のクラスからも見に来てね。人気者になっちゃいました！

新しい彼もできたんです。嘘みたいです。可愛くなれば落ち込むことないんですね。と、これまた嬉しそう」
私も嬉しいです。

5. 年下に受けるアニメ風まつげ

50代。美人占い師のCさん。まつげエクステをしてから、仕事のクライアントさんが増えたそうです。特に年下の男性客が急激に増えたようです。

ある日のこと、20代の常連男性客をいつものように占っていると、「先生、今日は僕のためにアニメのメインキャラクターの

Chapter 0 「えっ！これ私？」ときめきからドラマが生まれた！

ようなまつげにしてきてくれたんですね」と言われ、BAR に誘われたそうです。

　C さんはそんなつもりはなかったのですが、かなり年下の男性に誘われるなんて内心はびっくりしながらも嬉しかったそうです。

　お付けしたまつげは、アニメの女の子がよくしているエレガントデザイン。

　実は 40 代以上の方が、まつげエクステを付けると若見えするので、年下からも好感度が上がるのです。

「永遠に魅力的であるように」1 本 1 本エネルギーを入魂しています。

19

Chapter 1
まつげエクステの魅力と魔法

まつげエクステンションとは

　まつげのエクステンションは、日本では 2004 年頃から流行し始め、施術には美容師免許が必須になりました。

　装着するエクステンションは化学繊維で作られた人工毛で、長さや太さ、カールの強さを選ぶことができます。自分のまつげ 1 本につき、エクステンション 1 本を調整してまつげに付けることによって、キュートやセクシー、エレガントなど、より華やかに、表情を豊かにできるのです。ヘアスタイルやメイクアップと同じように、自分の個性やイメージに合わせたデザインによって、目元の印象を自由自在に変えることができる画期的な美容技術です。

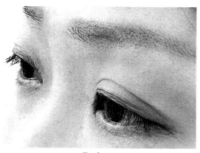
Before

After

Chapter 1　まつげエクステの魅力と魔法

　まつげが短い、少ないなどの悩みが解決でき、一度の施術で約3週間から1ヵ月の間、目元をパッチリと美しく印象的に保つことができます。
　写真のように、Before ➡ After が分かりやすく、目が大きく華やかに見える効果から、
　一度施術したら魅了され爆発的に人気が出てリピーターが増えました。

　今では、まつげエクステサロンは国内外に増えていますが、中でも日本の技術知識・商材の安全性とおもてなしは世界トップレベルなのです。

自まつげの性質

まつげの毛周期・太さ・長さなど知っていますか？
・何本くらいあるの？…日本人の平均は上まつげ片目、約100〜120本
　　　　　　　　　下まつげは上まつげの半分（個人差あり）
・長さはどれくらい？…平均約5〜10ミリ

・どれくらいで抜け落ちるの？…毛周期は髪より短く、約3週間〜4ヵ月

・成分は何から出来ているの？…お肌や髪の毛と同じタンパク質

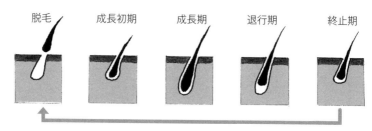

まつげが生え変わるサイクル（毛周期）

まつげの毛周期は約3週間〜4ヵ月

まつげエクステの魅力と魔法

　まつげエクステの魅力、それは何といってもオートクチュール！
　目の大きさ・形・まつげの本数や生え方・癖・長さ・太さに考慮して、すべての希望に合うものを、それぞれの目元パターンにピッタリの眼差しにすることができる「魔法」、それがまつげエクステなのです。
　装着するまつげエクステンションの長さは、自まつげの約1.5

Chapter 1　まつげエクステの魅力と魔法

倍までが理想。本数はナチュラルか、ボリュームアップかで決めます。

　次に、まつげエクステの**魔法の基本的パターンとその効果とイメージ**です。

♥上まつげに付けるエクステ・カールの角度を大きくするＣカール、Ｄカール他、魔法がかかると、
　目元がさらにパッチリして生き生きと元気に見える！

♥カールの角度は控えめなナチュラルＪカールにする魔法がかかると、
　上品で清楚なイメージに見える！

♥目尻のまつげをロングに強調する魔法にかかると、
　切れ長、セクシー・優しいイメージに見える！

♥中央から目尻手前までボリュームをつける魔法にかかると、
　華やかに・エレガント・ゴージャス感が出る！

　さらに、まつげエクステを付けると素敵に変わる効果の３原則

です。

1. 長さ…目の幅が大きく見える！

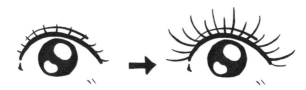

2. ボリューム…目が大きく・若々しく・華やかに見える！

3. カール…柔らかく・ぱっちりと・可愛らしく見える！

Chapter 1 まつげエクステの魅力と魔法

≪まつげエクステで瞳が輝く理由①≫

・カール（角度）をつける

⬇

・光が瞳に入りやすくなる

⬇

・瞳が輝くように見える

⬇

・キラキラビームが発射される

≪まつげエクステで瞳が輝く理由②≫

・通常のまつげより長くなる

⬇

・目の輪郭からまつげの先端が出る

⬇

・目が大きく見える

⬇

・パッチリビームが発射される

代表的な3つのデザインによる　バリエーション

♥キュート

真ん中が長い縦のラインを強調したデザイン。 比較的誰でも似合いやすい、パッチリ可愛らしいデザイン。

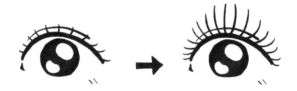

♥セクシー

目尻側が長い切れ長デザイン。横のラインを協調・眼幅が出るので変化が分かりやすい。

目尻のみカールを緩やかなJカールにするとたれ目に見え

る。セクシー&癒しの優しいイメージ。

♥エレガント

キュートとセクシーの間の部分を長くすることで、華やかハッキリした印象になるデザイン。視線的にお顔が引き上がって見えやすい。仕事がバリバリできそうなイメージ。

まつげエクステは
こんなに良いことだらけ

①目もとがハッキリする。二重風に見える。寝ぼけた印象はサヨナラ。エネルギーに満ちたやる気のある感じに。

②ポイントになってお顔が引き締まって見える

③まつげを上向きにすることで視線は上になり、お顔が上がってポジティブな印象に見えるので自然と運気も上がり始める

④メイク時間が短縮できる。

お顔のイメージによる顔分析診断

顔のパーツ１（目の位置）

♥寄り目の人には

➡ 目じり長めをおすすめ（セクシー系デザイン）目尻部分を長くすることで、横のベクトルが広がり柔らかい印象になります。

♥離れ目の人には

➡ 内側から中央を長めに（キュート系デザイン）ポイントを真ん中または少し内寄りにもってくることで、離れ目が引き締まった印象になります。

♥たれ目が嫌な人には

➡ 中央部分や目の内側から３分の２くらいまでをカールの

Chapter 1　まつげエクステの魅力と魔法

あるもので長く（キュート系・エレガント系デザイン）目のカーブの下がり始めを上に見せることで、たれ目のイメージが軽減できます。

逆にたれ目風に見せたい場合は、目尻部分を長く緩やかなカールにします。

♥つり目を優しく見せたい人は

　➡　目尻を長めの（セクシー系デザイン）目尻部分をJカールにすることで優しく見せることができます。

（注）上ベクトルを下ベクトルに。

　　　目じりJカール

顔のパーツ2（目の大小、掘り）

◆**一重の人には**　➡　ぱっちりさせるには、カールのあるまつげエクステ

◆**小さな目の人には**　➡　ボリューム感ある扇形に広がって見えるようなデザインのまつげエクステ

31

◆大きな目の人には　➡　目の存在感がある分、短めのまつげエクステを少量

（注）ボリューム感を避けナチュラルに

◆堀の深い目の人には　➡　中央から外側に流れるように付けると美しくなります

（注）鼻が高く眉間が狭い人は、内側に長いまつげを付けると鼻にぶつかるので注意

顔のパーツ３　（黒目の位置）

♠黒目が内寄りの人には　➡　黒目の上を長く濃いほうが印象的に

♠黒目が中央の人には　➡　やはり黒目の上が長く濃いほうがハッキリ見えて効果的

まつげエクステは錯覚を活かしたデザインの魔法

実はまつげエクステは錯覚・錯視を利用しているのです。

Chapter 1 まつげエクステの魅力と魔法

　２本のヨコ線は、実際には平行線ですが、斜線の影響を受けて湾曲して見えます。このヘリング錯視により目の湾曲（丸み）を強調することができます。

　例えば、黒目の上にまつげエクステンションの長さを出す「キュートライン」はタテのベクトルが強調されることにより、

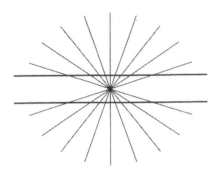

★ヘリング錯視
ヨコの２本の平行線は、斜線の影響を受けてゆがんで見える。このような錯視を「湾曲の錯視」ともいう。ヨコの平衡戦は目で、斜線はまつげに例えられている

黒目が大きく見える錯視を活用しています。

　下図のヨコの線は、上下とも同じ長さですが、内向きの矢羽が付いた線は短く見え（上）、外向きの矢羽が付いた線は長く見えます（下）。　これは目尻に向かってまつげエクステンションの長さと量を出す、「クール＆セクシーライン」などでも活用され

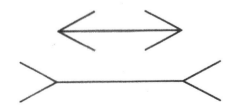

★ミュラー・リヤー錯視
線の両端に内向きの矢羽を付けたもの（上）と、外向きの矢羽を付けたもの（下）の線は、上が短く下が長く感じるが、実際は同じ長さである。つまり目も大きく見える

33

ている、ミュラー・リヤー錯視です。

カラーバリエーション

カラーの効果

まつげエクステはブラックだけでなく、カラーのタイプもあります。

アイシャドウとの相性もそうですが、カラーまつげにすることで、よりインパクトのあるオシャレなイメージになるのです。また髪色を変えたり、メッシュ、ハイライト、カラーのナチュラルヘアー・エクステンションなど、ヘアーに合わせてマスカラやまつげエクステに色味を入れると、トータルで表現することができます。

私のサロンのお客様は、髪色に合わせて1色だけでなく、目尻にレッド・ブラウン・ワイン・グリーンブラウンと数本ずつ4色混ぜてポップにしている方もいます。

まつげエクステのカラーバリエーションは、目元を変幻自在に変えることができ、ランクアップしたオシャレを楽しむことができるのです。

Chapter 1　まつげエクステの魅力と魔法

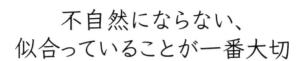

不自然にならない、
似合っていることが一番大切

　私は、まつげをお付けするとき、特に初めての方にはゆっくりとお話をお聞きします。なりたいイメージをはじめ、悩み、課題、夢、希望などを20分ほどお聞きしながらデザインを決めていきます。

　顔の表情や、顔立ち、黒目の位置、お話の内容、洋服、趣味、全身のスタイル、身のこなしなどバランスを見ながら計算して、その人だけのオートクチュールのまつげを作るのです。

　「まつげ」だけ目立ってはダメ！　バランスが大切です。

　そして、顔は毎日変わります。

　ナチュラルな今の自分に似合うアイメイクもお勧めしています。それぞれの方の個性に合わせて、カスタマイズできナチュラルに美しく見える効果は奥深く、まつげエクステの世界がさらに広がります。

個性を活かす
トータルビューティーを提案

　その人の普段の生活にマッチングしてなければ、最大限の効果は出ません。実は逆効果になることもあるのです。逆効果になってしまうのも私たち施術する側の責任です。
　本当にお客様に喜んでもらうためには、美容師は美容技術の他に心理学や行動学も学んで最高の効果を提供することをお勧めします。

　お客様の職業も様々です。メイクやネイル、カラーが許される職場か、営業職かどうか、対人関係など、その人を取り巻く環境にも配慮して、性格は積極的か、もの静かな方か。
　例えば、おとなしい控えめな方に長くて太いまつげを大量に付けてしまったら、個性を活かすどころか、周りの人からの評価も残念な結果になることでしょう。（大きく変化したい人を除いて）
　それだけ、似合うデザインの選定の他に、職業・性格・雰囲気などを考慮することは重要なことだと思っています。

アイブロウとのコラボレーションで目元が華やかに

　まつげエクステと同じアイビューティー（眼周りの美容技術）にはアイブロウ（眉を整える技術）があります。
　最近は、まつげエクステサロンで眉＋まつげのメニューが増え、眼周りに関するトータルビューティーが進みました。

　私のサロンでは、眼周りに限らず、メイクやヘアーエクステ・ウイッグでお顔や髪にも変化を付け、サロンに用意してあるドレスやワンピースに着替えてイメージチェンジし、記念撮影して頂いています。
　変身効果で新しい自分を発見されて好評を得ています。
　まつげエクステをきっかけに華やかなループが広がり、このようになりたいイメージを叶えられるのは相乗効果で、これからさらにトータルビューティーは注目されることでしょう。
　まつげに魔法をかけると同時に、アイブロウやメイクなどもお勧めします。

まつげエクステは安心・安全の理論、技術が重要

　ここまでまつげエクステの説明をしてきましたが、眼周りというデリケート施術には健康被害を起こさないための安心・安全な

理論・技術が必須になります。

　必ず美容所登録されたサロンで、美容師免許を持ち、かつまつげエクステの技術を身につけた美容師の方に、施術を依頼してください。

　美しい仕上がりは、安心・安全の信頼から成り立つのです。

キュート系

セクシー系

エレガント系

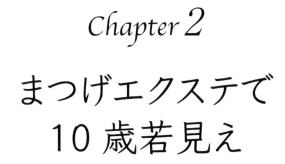

Chapter 2

まつげエクステで
10歳若見え

まつげが上がる
目線が上がる→心も上がる

　まつげエクステをすると、殆どの人が若見えします。下がっているまつげを上げることによって、5〜10歳若く見え、自分の心も若返ります。

　とくに40歳以上の方は、間違いなく若く見えます。まつげエクステのボリュームとカール力がその秘密なのです。

ほうれい線とまつげエクステ

　年齢を重ねてくると気になるのが、ほうれい線。あるだけで顔が下がった老けた印象を与えます。その存在はマスクを外したらより目立ってしまいますよね。

　あなたは、気になりませんか？

　そんな時、CカールやDカールのまつげが味方してくれます。

　瞼の中央、黒目の上部分から目尻部分にまつげエクステを付けることで、斜め上へのベクトルが動きます。見た目の視線がまつげのカールと共に上に行くので、ほうれい線の存在がまつげエクステをしない時より軽減して見えるのです。

またゴルゴライン、マリオネットラインにも、まつげエクステの上向きカールの魔法は効果があります。

さらにお顔がスッキリするリフトアップ用テープなどを使用すると使用している間は整形並みの効果が感じられます。

視線の行き場所は大事ですね！

若々しく開運する5つの秘密

（1） カールは色気

目元にカールの付いたまつげが付くことで、顔に柔らかさが出ます。髪の毛もパーマをかけたり、巻いたりするだけでふんわり女性らしさが出るように、カールは最強の可愛さと色っぽさを出せます。

ウェーブや丸み顔の中央に奏でられると品格もアップします。

代表的なカールにはJとCがあります。（その他、DやLなど様々）

　J…緩やかな上向きカール
　C…くるん、としっかりした
　　　上向きカール

Jカール

Cカール

（２）目から恋の種飛んで行け

　まつげエクステをすることで目に光が入ってきやすくなります。アニメの女の子のようなキラキラ感が出るのです。

　生き生きとした感じ、新鮮な感じ、自信がある感じに見えるので(実際そうなります)結果的に目から恋の種が飛んでいくのです。

（３）デザイン重視

　前の章でもお話しましたが、デザインはとても大切です。似合うものやなりたいイメージでなければ効果は半減します。逆に似合わなければ下品になってしまい良いことはないのです。

　私は一瞬で、その方に似合うものやイメージが決まります。デザイン・長さ・太さ・本数・カラー・そして仕上がりまで。その後、何が起きるか、どうしたら夢が叶っていくか、デザイン決めは魔法の入り口なのです。

（４）メガネでもやった方がいいまつエクの効果

　実はメガネの方こそ、まつげエクステはお勧めなのです。メガネをかけると、他人からはレンズの関係で目がひとまわり小さく見えます。

　まつげを付けてハッキリすることで、メガネのフレームとの相

乗効果で目元が強調されて魅力的に見えます。フレームのデザインやカラーと合わせると、よりオリジナリティが反映されます。メガネはアクセサリーの一部。まつげエクステともコラボできるのです。

　ただ、気をつけなければならない大切なことがあります。装着するエクステの長さやカールがメガネに当たらない長さにしましょう。私は最初に、メガネをかけたままの状態で拝見して、長さを選びます。メガネ＋まつエクで知的美人になってくださいね。

（5）好きと言わせる、まなざしマジック！！

　瞬きのしぐさは、優雅にすることが鉄則です。瞬きにもしぐさがあるのです。コーヒーやワインを頂くときの「伏し目」はとても綺麗です。

　まずは伏し目。目を閉じて、ゆっくりと瞬きしてくださいね。できたら5秒くらいかけて。

　鏡で見えるあなたは一部分。本当はもっと魅力的！

周りの人からは、横顔・伏し目など何倍も綺麗に見られていることを自覚してください。
　特に好きな人の前では、ゆっくりと癒されているかのように瞬きしてください。

若見えで、チャンスを広げる

　まつげエクステに来られる年齢層は幅広く、若く見せたいという人も多くいらっしゃいます。まつげエクステにさらに若見えポイントをプラスすることで効果が倍増します。
　人生100年時代。若く見える人と見えない人の違い。若く見えると、どれぐらいお得でしょうか。その差は生まれてから最終章まで3800万円？　いえ1億円？　それはともかく同じような条件なら、若々しい人が選ばれることでしょう。

何歳でも美しくなれる若見え法則

　若見えの護身術を身につければ金運もアップします。
　70代のお客様がいらっしゃいますが、同年代と比べると圧倒的に若いのです。そして仕事もずっと継続されています。履歴書

Chapter 2　まつげエクステで 10 歳若見え

の実年齢なら、弾かれてしまうところですが、若々しくやる気も感じられるため、面接が通って採用されてしまうというのです。

　一生、現役で何かしら輝いていたいと仰っていました。健康で若々しくやる気があれば、お金は入ってくる仕組みになっています。いつまでも若々しくしていたら選ばれ続け、再就職にも有利です。若々しく明るい人に、人は寄ってきます。人が寄るということはチャンスも一緒に来るということです。

若見えのポイントは、髪とまつげのバランス

　まつげを増やしたら、髪もボリュームアップすると、さらに若見えします。ボリュームが出やすいデザインのスタイルにカットしたり、できたらナチュエク（ナチュラルなヘアーエクステンション・増毛エクステまたは部分ウィッグなど）で、自然にボリュームアップするのも若見え効果大です。

　まつげと髪のバランスも合わせてください。お顔だけ若見えしても、髪が少ないとアンバランス。バランスが良いと 10 歳の差をつけてイメージが変わります。私のサロン「プリティスト・アイ」では、まつげエクステ＋ヘアーボリュームアップコースで若見えも叶えています。

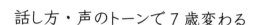

話し方・声のトーンで7歳変わる

　言葉は語尾を上げるだけで、明るく若く感じます。

　実は若々しい人とそうでない人の違いは、声のトーンの印象にあるのです。年齢を重ねると声のトーンは低くなっていきます。話し方は言葉の語尾を上げて、少し高めに発声すると驚くほどあなたの印象が若々しく変わります。男性も少し高めのほうが優しく、営業職や接客業の方に向いています。そして話し方は少し早口のほうが、勢いがあるポジティブなイメージになります。体型はスレンダーのほうが若く見え、健康にも良いのです。

バランス良く見えるスタイル作り

　姿勢はソシアルダンス（社交ダンス）の基本的な動きが、とても参考になります。

　姿勢の良さで印象が大きく変わります。肩を後ろに引いて胸を張ります。頭は前に出ないように顎を引いてください。せっかくまつげを付けても、猫背では下向きまつげになってしまいます。お顔の下の胸元に視線を集めることが大切です。

　ポイントはダイヤモンドのネックレスに太陽の光を当てるように。男性ならお気に入りのネクタイをみんなに自慢するように胸を張って見せましょう。

また、ソシアルダンスで前進するときは足からではなく、胸（身体）から出るようにします。慣れないとステップや足元が気になって、足を前に出したくなりますが、綺麗に踊るには身体が先行して、足がついてくる感じが良いのです。綺麗な

歩き方の参考になります。なぜなら、前から歩いて来た人は、最初はあなたの足までが見えているからです。

　歩き方は意外と印象に残るもの。足先までがお顔だと思って気を付けましょう。胸を張って顔はまっすぐ前を向き、胸を張って歩くことで、若々しく美しく見えます。その姿に引き寄せられて幸運が近寄ってくるのです。

若見えする実践ポイント

　電車で座って足が開いたら、もうおばさんです。実は電車の中は絶好のトレーニングチャンス！　立っているときは、内側のイ

ンナーを鍛えて、座っているときは、足は開かない。膝をつけて揃えてね。すると前の席の人からは10歳若見えします。それだけ座っているときの姿で印象が変わるのです。

　まつげは上向きだからこそ、膝を揃えてそのまつげを凛と引き立ててください。

　ウエストシェイプアップはマイナス5歳です。簡単にウエストサイズを減らす方法があります。ウエスト8の字シェイプアップ方法です。腰を左右に8の字を描くように回します。これを好きな音楽を3曲かけてやるだけで、1ヵ月後には数センチ細くなっていると思います。

　お腹が出ないように見せる方法もあります。壁に足のかかと、お尻、顎を引いて後頭部をつけて立ちます。このとき、腹圧を入れてお腹を引き上げてください。そのポジションを忘れずに保ちます。

　まずは人前に出ましょう。そしてお互いにコミュニケーションし合いましょう。お互いに意思など交換し合い通じ合うことで、若くもなれるのです。若くなって恋人も手に入れましょう。いくつになっても恋をしている人は若々しく素敵です。

Chapter 2　まつげエクステで 10 歳若見え

　そして男女ともにオシャレでいること。私は、社交ダンスパーティーに時折行きますが、きちんとメイクしてセンス良くドレスアップしている女性や、男性なら清潔感のあるシャツにスッキリした髪型のジェントルマンに人気が集まります。年齢ではないのですね。いかに自分の魅力を活かすかになります。
　何歳でも美しくなれる若見え法則。美しくなければ意味がないと思います。

　会う人も若々しい人を優先。一緒に過ごす人も、ポジティブな仲間を選びましょう。人の悪口やゴシップはあなたを老け込ませ、卑しいお顔になってしまうのです。

　BGM は大切な若見えアイテムです。気分も上がりあなたを元気にします。好きな曲、気分の乗る曲もいいですね。お勧めは 16 歳〜 20 歳の頃に聴いた曲。あなたを青春に戻してくれます。気持ちも表情もあの頃に戻れるのです。

　若見えメイクは簡単です。直線や輪郭をはっきり描かないようにするのです。艶感、丸み、ピンク系でナチュラルにまつげと合わせます。

実は赤いスカートは威力がすごいのです。「赤いスカートなんて今さらはけないわ」と思うでしょうか？　シンプルなデザインで、色も抑えられているものなら大丈夫。赤いスカートの威力を使わない手はありません。赤い色素はもともと日本人に似合う色です。高揚する若返り色です。
　男性なら赤のネクタイやシャツでまつげに合わせます。まつげが濃くなったら、余計に黒と赤でメリハリがつき若返りますよ。

メンズはどんな効果があるの？

　最近は男性のお客様も多くいらっしゃいます。私は女性のデザインとは違い気を付けていることがあります。この章では、新作デザインとその効果をお伝えします。

ナチュラルな美しさと、若見え効果を演出して、こんなイメージになれるのです。
　①目がハッキリとして目力がついて生き生きと見える
　②先取りで圧倒的にイケメンのお顔になれる

　　　　　　　　　　　　　③好感度がアップするので管理
　　　　　　　　　　　　　　職や他人に注目される職業に
　　　　　　　　　　　　　　は必須アイテム！
　　　　　　　　　　　　　④40代以上は髪が増えるのと
　　　　　　　　　　　　　　同じようにお顔も若見え効果
　　　　　　　　　　　　　⑤メイクをしても似合う
　　　　　　　　　　　　　⑥デザインによっては優しい雰
　　　　　　　　　　　　　　囲気に

Chapter 3　メンズまつげでイケメンに！

メンズまつげエクステは、こんな人におすすめ！

♠ **メンズナチュラル** ➡ 少しだけ目をパッチリさせたい人

・まつげエクステをしているのがバレないデザインで安心。
・自まつげと同じ長さのＪカールを瞳の上（中央）に約15〜20本ずつ。
・初めての男性でも安心デザイン。

メンズナチュラル

♠ **メンズボリュームアップデザイン** ➡ 若見えしたい、目力を付けたい、40歳以上の人

・全体をＪカールで自まつげと同じか１ミリ長く30〜40本ずつ。ランダムに装着（揃えると女性らしくなる）。
・髪が増えると若見えするように、知らない間に少なくなったまつげが増えることで、印象は5〜10歳若見えする。
・下がった瞼のリフトアップ効果が期待できます。

メンズボリューム

♠スタイリッシュデザイン ➡ 優しい印象に見える眼差しになりたい人

・女性に好評のメンズまつげエクステはこれ！
・目尻のみに5〜10本ずつ付けると切れ長効果と優しさが出る。
・たれ目の効果が欲しいときにもおすすめ。

スタイリュッシュ

さらに上級者向けメンズまつげエクステ

髪色に合わせたスタイリッシュまつげ

①**明るめカラー・明るめアイブロウには**

⬇

イエロー・ブラウンなどのまつげエクステでソフトな印象に。

②**ポイントCカール**

⬇

Cカールをランダムに混ぜるとパッチリした印象になる。カ

ラーを使えば一気に垢抜けます。モードには、ブルーやワインレッドがお勧めです。

髪色、洋服、小物と同じように、まつげに色を付ければ、アクセサリーのようにあなただけのオシャレが楽しめますよ！

メンズまつげエピソード集

♥スタイリッシュ系で彼女ができた！
〜メンズナチュラル系デザイン施術〜

「仲のいい女友達に紹介されて人生初、何だか分からなかったけど、まつげエクステをやってみました。施術中は目を閉じていたので、気持ちよくて眠ってしまいました。まつげをいじるなんて考えたことなかったけど、思ったより違和感はなく、こんな俺だけど美意識が上がった感じがして、少しいい感じの気分になりました。

前から気になっていた子に「なんか変わった！」と言われ、自分ではよくわからないけど「目を閉じたら、私よりもキレイ」と羨ましがられて、いまでは付き合っています。彼女も僕と一緒に

いると、モチベーションもあがっていいことあるらしく、お互いに美意識を競い合っています」(20代　大学生)

♥コンプレックス克服まつげ
〜メンズボリューム系デザイン施術〜

「美容師です。目が細くて前から嫌だった。カットをするとき、お客様と一緒に鏡に写るのも嫌だったが、まつエクを付けたら、黒目がはっきり見えるせいか大丈夫な気がして、目を合わせられるようになって仕事が楽しくなりました」(20代　美容師)

♥ジェンダーレスファッションにも似合うまつげ
〜メンズスタイリッシュ系デザイン施術〜

「僕は香りが好きで、フレグランスを付けています。洋服もジェンダーレスファッションです。化粧もします。でも、顔がいまいちでした。まつげエクステを付けたらイメージがソフトになり、やさしい印象になれました。香水も洋服も馴染むようになりました。とても嬉しいです」(30代)

♥エイジング☆メンズ若見えまつげ
〜メンズボリューム系デザイン施術〜

「60代です。まさかこんな経験するとは思わなかった。たるん

Chapter 3 メンズまつげでイケメンに！

できた目元の視野が少し開けたような気がします。ナチュラルに仕上げて貰ったので、他人には気づかれず、家族には好評です。まつげが増えて若返ったので、洋服も少し派手なシャツにしてみたら、女性の友人に「とてもいい！ オシャレ」と褒められました。いいですね。リピートしています。健康管理もしていきます」

♥モチベーション上がるまつげ
～センタープラスデザイン施術～

「最近、よく「疲れてる？」とは、言われないまでも疲れが顔に出るようになりました。多分、年齢のせいかもしれません。会社では新人の前では、「頑張れよ！」と言っていますが、若い頃に戻りたいです。

　同期に美容男子がいて日焼け止めクリームと日傘を教えてもらいました。妻がやっているまつエクに挑戦したら、目の開きが良くなったような気がします。まだまだいけると思いました。目でこんなに変わるんですね」（40代）

♥メンズまつげエクステ応援実践レシピ

　まつげエクステサロンに通う女性から聞いた「こんな男子がいたらいいな」。

　女性の本音もちょっと参考にしてほしい。

①清潔感がある人がいいな ➡ 身だしなみ・ファッションに気をつける。

②綺麗め、ちょっとイケメンがいいな ➡ ヘアスタイルを変える。

③優しい気配りが欲しいな ➡ さりげなく褒める。思い荷物を持ってあげる。

④大切にして欲しいな ➡ デートの時にはご馳走する。まめに連絡をする。

⑤エスコートして欲しいな ➡ レストランでは先にドアを開け、コートの脱着を手伝う。歩くときは女性の歩幅に合わせて。

Chapter 4
私にもこんなこと起きるかしら？

～悩みから希望へ！
幸福を掴んだ女性たちのエピソード～

この章は Chapter 0 からの続きです。私がサロンで対話して感銘を受けたまつげエクステのドラマチックなエピソードを続けて紹介しましょう。

1. 乗り越えるまつげ

「もう終わりかな、と思った人生から退院したらもっと好きなことします！」

銀座に勤務する社長秘書。抗ガン剤治療をしながら、やりたかったまつげエクステ。

Before

ある雨の日の午後。30代後半と思われる美しい方が、サロンにいらっしゃいました。高価な花柄の傘とは反対に、下を向いた

Chapter 4　私にもこんなこと起きるかしら？

寂しそうなお顔。何かお悩みでもあるのかなと思いましたが、すぐにわかりました。

髪はウイッグで青白いお肌、ご病気の様でした。頭を抑えながら施術ベッドに横たわり数本まつげをつけ始めた頃にポツリ、ポツリとお話が始まりました。

「私、ガンなんです」

そうでしたか。

「治らないかもしれないんです。もう終わりかな。私、一時退院したら好きなことしようと思って来ました。前からまつげエクステしたかったんです」

今まで秘書として激務をこなしてきたこと。ストレスで眠れない夜が続いたことで体調を崩してしまったこと。

ある日、胸のしこりに気づいたらガンが進行していたこと、涙ながらに話してくれました。

涙が出たらまつげは付けられません。ひとしきりお話が終わり、沈黙になりました。

実は私はサロンを開く前に、なんとなくこの景色は想定していたのでした。お店を開いたら、多くのお客様に来ていただきたいな。

でも中には色んな悩みを抱えた方もいらっしゃるだろうな。ご病気の方も……どんな風に接したらよいのか。

自分のつたない経験をお話しました。ガンの内容は違うけど、私もガンになったことがあること。最初は絶望的で毛布にくるまって泣いていたけど、あるお節介なおばさんに励ましてもらってから、少しずつ考えが変わり「治そう」と前向きになったこと。
　おばさんは、ゆっくりと私の話を聞いてから「あなたは、そのガンを治して誰かを励ますために病気になったのよ。だから治る！大丈夫！」と確信がある力強いものだったこと。
「だから一緒に頑張りましょう！」と握手された手は痛いくらい力強く、その日を境に心も改善に向かったこと。そして克服できたこと。
「だからあなたも大丈夫！」励ましおばさんが言ってくれたように、彼女がまつげを付けて目を開けた時に、新しい顔で立ち向かえるように、心を込めて施術しました。

 After

　そして出来上がりました。
「鏡を見せてください」と目を開けた瞬間、そのお顔は前とは違います。
「これ！わたしですか？」驚かれたと同時に、ニッコリ可愛い笑顔になりました。
「まつげエクステってすごいですね」

瞳に光が入ったせいかキラキラして、生き生きしています。

「私、もっともっと、自分の好きなことします！ こんなに綺麗になれるんだったら、早く病気治していっぱい楽しいことします！」

帰りは嬉しそうに、扉を開けて行かれました。きっと乗り越えたことと信じています。

2．空間まで癒してしまう、誰よりも優しいまつげ

ある日、なじみの20代の女性が泣きそうな顔でサロンにいらっしゃいました。この彼女には放送作家の彼がいるのですが、なんと二股をかけられていて、今からもう一人の彼女と3人で会って話し合うというのです。これはまさに劇的修羅場。

彼女からは、相手の女性を威圧する攻撃的で強い印象のまつげデザインを依頼されました。

 Before

「二股なんて許せない！ 私、絶対に負けたくないんです！ たくさん付けて誰よりも強く見えるまつげにしてください」

戦う気満々で、かなり興奮しています。お気持ちもわかります。「わかりました」と言いながら、私はどんな時も彼女の味方でありたいからこそ、落ち着いた彼女らしい、いつもよりさらに穏やかな優しい印象のまつげデザインを施術しました。

　そんな時だからこそ。一番綺麗な女性になって欲しかったのです。人はメイクにもファッションにも、その人の感情・品格が出ます。何を選ぶかで変わります。

　1時間後、ナチュラルな仕上がりに素の自分に戻ったような穏やかな表情になりました。

　色々無理をして我慢していたんですね。

 After

　鏡を手に「私、前に進みます」何か決意されたようでした。

　それからの彼女は、より一層洗練され綺麗になっていかれました。

3．若見えまつげ　　　「50代の今が一番モテ期です」

　高校生のお母さん、スーパーでレジをしながら、朝マックでバ

イトもしている50代。

年下の男性に声をかけられて9kgのダイエットにも成功。

ある日の日曜日、その方は予約無しでサロンにいらっしゃいました。

 Before

「あの私、もうおばさんなんです。でもこのまま終わるのは嫌で、スーパーでレジの仕事をしているんですけど、最近、お客様に綺麗な人が増えたなと思っていました。凄く若くもないし美人という訳じゃないけど、なんかこう色っぽい雰囲気で、なんだろうと思っていたら、どうやら、まつげエクステというものらしく、それ、私にもできますか？」

と、伏し目がちに自信がなさそうにお話されました。

そんな、おばさんなんかじゃありませんよ。綺麗になりたいというその気持ちさえあれば、いくらでもまだまだ、これからです！

だって、今まで娘さんのためにもご家族のためにも頑張って来たんでしょう。最高の50代にしましょう。

選んだのはCカール太さ0.15ミリ、9〜12ミリ60本ずつ。若々しく見えるゴージャス系デザインを装着しました。1時間後、パッチリした目元で本当に10歳以上も若見えしました。

After

　次のご来店で、

「ねえ、聞いてくださいよ。朝マックの職場でね。お客様の20代の男の子から声かけてもらって。彼、夜勤の仕事明けに毎朝来てくれるんです。私が、お休みだと「いなかったでしょ。辞めたと思って心配したよ」って言われて嬉しいですね。

　今までは年だからって、お客様と目も合わせられなかったんですが、まつエクしたら「おはようございます！」って自信をもって言えるようになりました。

　あと、スーパーのレジも男性客のお客様の列ができました。知ってます？　ある一定年齢以上のお客様は、小ぎれいにして話しやすい人のレジに並ぶんです。まつげエクステをしてから、私のレジお客様増えました。

　夜、お酒飲みに行ったら、「あちらのお客様からです」って、知らない方からいきなりワインが届いて。私本当に嬉しくって。こんなこと想像もつきませんでした。毎日ワク

ワクで、美容室も行きました。メイクも、そしてダイエットもして痩せました！ 妹も「姉ちゃん急にどうしたの？」って。妹もまつエクお願いします。二人で綺麗になっていこうと思います」

　やったね！若見えゴージャスデザイン大成功でした！

4．親切にされる笑顔まつげ

 Before

　私の前著『自信のない女の子も幸せになれる方法』を名古屋の書店で手に取ってくださり、岐阜から13年間サロンに通ってくださっているMさん。クリニックで長年、受付のお仕事をされています。ちょうど落ち込んでいるときに読んでくださったそうです。

 After

「本を読んで変わりたくて来ました。実は初めてまつげエクステをしてもらった日に岐阜に帰る途中、色んな人に親切にしてもらったんですよ。とても不思議なんですけど。まず地下鉄の駅員

さん。乗り換えがわからなくて聞いたら、控室からわざわざ出てきてくれてすごく丁寧に教えてくれました。素敵な笑顔でした。

　それから翌日は職場のエレベーターの中で、違う部署の20代の男の子が「Mさん、今日はなんだか綺麗だね」なんて珍しいことを言ってきました。不思議でしたがまつげエクステの効果だと、すぐにわかりました。

　あと、クリニックに来ているおじいちゃんに、ラブレターを貰ったんです。びっくりしました。プレゼントにハイビスカスの鉢を持ってきてくれて、同じ鉢を自分も持ってるからって、嬉しそうに言うんです。自分も嬉しいけど、周りの人も笑顔になってくれるのが嬉しいんです」

　Mさんは、持ち前の笑顔にまつげエクステが付いたことで、さらに生かされてループが広がりました。その結果、出会った人々は笑顔をかたむけられると思わず親切にしてしまう。

　そんな幸せ原理なのです。自分自身のことも大切にするようになりました。

Chapter 4　私にもこんなこと起きるかしら？

5．赤いまつげで仕事運もアップ？

「まつげエクステが取れてくると、主人が「お前、行って来い」とお金をくれるんです。
「なんで？」としつこく理由を聞いてみると、「お前が、赤いまつげを付けてくると仕事で商談がうまくいく」と言うのです。以前そうだったようで、それ以来こだわっているのか、赤い色のエクステで何が変わるのか、謎です！」

　赤い色は情熱や発展の運気が上がる色。交感神経を刺激し、エネルギーチャージするとも言われています。奥様が身に付けることで、ご主人に良い影響を与えるのも珍しくありません。毎日、お顔を合わせる大切な奥様の存在は大きいものです。

　赤のエクステは、目尻に5本〜10本ずつと少しだけ長めを入れましょう。目尻は色っぽさを醸し出します。

Chapter 5

なぜエクステで運命が変わる？

こんな原理で魔法が完成

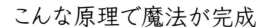

魔法の幸せループへの流れ

　まつげエクステをすると、どうして前章のような素敵なことが起きるのでしょう。まつげを付けたことで外見も変わりましたが、心も行動も変わったからなのです。
「風が吹けば桶屋が儲かる」と言いますが、この解釈、実は私のサロンにもあります。私独自のまつげエクステを付けたお客様をずっと追っていくと、まつげエクステの魔法の幸せループ（ポジティブループ）が完成されるのです。

　次は、まつげエクステで人生が変わる幸せループを作り出すポイントに迫ってみたいと思います。

まつげと前髪のバランス

　似合うまつげが付いて素敵になったら、前髪の長さやヘアスタイルによっては、まつげエクステのデザインが、よりその人の美

Chapter 5　なぜエクステで運命が変わる？

《魔法の幸せループ》

①まつげエクステをつける
　↓
②可愛くなる　　　　　　テイクオフ期
　↓
③人に見られる
　↓
④褒められる
　↓
⑤うれしい　←　⑫夢が叶い始める
　↓　　　　　　　↑
⑥自信がつく　　⑪やさしい言葉が自分にふりまかれる
　↓　　　　　　　↑
⑦やる気が出る　⑩さらにピカピカ
　↓　　　　　　　↑
⑧前向きになる　➡　⑨もっと自分を磨く

ポジティブループ

73

しさを引き立てます。例えば、前髪も少し変えてみましょう。長さや、分け目を変えるだけでも目元の印象が変わります。

丸くて可愛いイメージ ➡
内まきボブ＋キュート系まつげ

大人っぽいイメージ ➡
額を出した外はねシルエットにはセクシー系デザイン

メイクのポイント

　メイクアップは主に色彩によって、無いものをあるように見せたり、小さいものを大きく見せたり、ベクトルを強めたり変えることで、顔立ち、表情、肌色など欠点のカバーや修正、美点の強調を行う技術です。

　この特性を生かして、まつげのデザインがもつ特性を助長したり補助することによって相乗効果を出していきます。

Chapter 5　なぜエクステで運命が変わる？

＊キュート系まつげエクステ

　黒目の上部分が長いまつげデザインは、黒目の幅にアイシャドウを乗せて高さを出したり、ハイライトの膨張効果によってまつげの曲線を強調します。

　眉尻は口角と目尻を曲線で結んだ先に短めに描きます。リップもアウトラインを取らず、フワッと柔らかな印象に仕上げます。

＊セクシー系まつげデザイン

　目尻の部分が長いまつげデザインは、高さを出し過ぎず、目尻部分のアイシャドウを強調し、ヨコ方向のベクトルを助長します。

　眉は、小鼻と目尻のラインにつくり、先細りになるように描きましょう。リップは山型にラインを取ると女性らしさが増します。

（※参考文献：アイラッシュ・メイク技能検定２級オフィシャルテキストブック）

＊アクセサリーの選び方

　綺麗になったら、まつげの隣のピアス・イヤリングも似合うものを選んであげましょう。

　実はお隣さん同志はとても大切です。人間関係もそうですが、お互いに引き立てあう間柄が理想なのです。普段付ける習慣がない方でも、ピアスまたはイヤリングを付けてみましょう！　そう、

変わる自分を楽しんで。

　色・大きさ・素材・デザインで彼らは、さらにあなたのお顔を引き立ててくれます。ポイントはカールのあるまつげには、曲線のデザインのイヤリングを。シャープな目元にはシックなデザインが似合います。

まつげと洋服とのイメージ

　目の真ん中の長いキュートデザインは、パリのブラッスリー風がお似合いのお友達と行くようなイメージで。目尻長めのセクシー系デザインは、レストランにディナーに行くイメージで。夜に行く、ディナーメインの人は、マーメードデザインのシックなドレスに合うクール＆セクシーなまつげデザインでね。

男性人気ナンバー１のまつげデザインはこれ

　答えは目尻長めのセクシー系デザイン。多くの男性にアンケートを取ったところ、セクシー系デザインが一番指示されました。理由は、目尻長めは色っぽさを演出できるからです。優しくも見えますね。

　ソフトな眼差しは男女問わず、周りの雰囲気を柔らかく変えます。目尻だけカールをなだらかにして「たれ目風」に魔法をかけると、癒しの子猫になれます。

Chapter 5 なぜエクステで運命が変わる？

瞬きのしぐさは優雅に

　前述の繰り返しになりますが、瞬きにもしぐさがあるのです。
　コーヒーやワインを頂くときの伏し目は、とても綺麗です。ゆっくりと瞬きしてくださいね。できたら5秒くらいかけてね。
　まつげエクステは、自分では見えない伏し目がとても綺麗です。
　鏡で見えるあなたは一部分だけ。周りの人からは、横顔・伏し目など何倍も綺麗に見られていることを自覚してください。特に好きな人の前ではゆっくりと癒されているかのように。
瞬きする間に恋をして……。

美しく見えるスマホの見方・持ち方・クロスの法則

　カールのあるまつげを付けた貴女に、それを活かすスマホの持ち方を紹介します。
　圧倒的に女性らしくなった貴女。スマホは肘を内側に胸につくくらいに持ってみましょう。上級者はクロスして反対側のお顔近くに。クロスの法則はとても上品で可愛らしく見えます。ちょっと首をかしげると更に色っぽさを感じますよ。

コンプレックスをチャンスに変えるスレンダーまつげ

　まつげエクステのデザインは、錯覚を利用しているのです。2種

類の錯視まつげエクステは、錯覚を活かしたデザインで、実はまつげエクステは錯覚・錯視を利用しているのです。

それと同じようにスレンダーに見せられてもいるのです。

まつげマジック

ある日、地下鉄で太った浴衣の女性を見かけました。その日は浴衣の人が多かったので花火大会があったのでしょう。

電車の中でかなり大きい感じの女性の後ろ姿。帯結びの蝶も小さく見えます。とその時、その方が振り返りこちらを見ました。「ええっ！可愛い！」後ろ姿から想像するお顔とは違い、キュンとした中央揃いの目元パッチリ美人。まつげエクステが上手く付けられていたのです。

太っていると素敵に見えないのは何故？ それは体のシルエットが外に広がるから。

まつげの存在は広げる ＋ お身体のシルエットは閉じる ＝ スレンダーに見える。

洋服も広がりにくい、シンプルなデザインを選びましょう

ラインが出るデザインは敬遠しがちですが、逆にラインを意識せざるを得ないことになるのは良いこと。お腹もへこませようと思うでしょう。

まつげを付けたら、視線は全て上にいくのでチャンス！ 意識してスッキリ見えるラインのニットワンピースなどを着てみましょう。はずかしがらないで。

やせてだんだんと体型が洋服に合っていきます。

まつげ健康チェック

全てに効果があるまつげエクステですが、自まつげが健康でないと効果が発揮できません。閉じた目のまつげを、鏡で見たりスマホで写真を片側ずつ撮ったり、お友達に撮ってもらったりして見てみてください。

・まつげが切れていませんか？
・部分的に薄くなったり、無くなったりしていませんか？
・産毛ばかりではありませんか？

まつ育ポイント

アイメイク、まつげエクステの効果は、健康なまつげがあってこそと述べました。自まつげは次のように、健やかなまつげを保ちましょう。

①**育てる**。自まつげをケアして守りましょう。自まつげが無ければまつげメイクはできません。育毛・発毛効果あるまつげ

美容液で朝晩、夜はメイクをオフしたら化粧水などの前に塗布しましょう。

②**キープする**。まつげメイクをやりすぎない。まつげエクステの本数の付けすぎや、まつげカールのやりすぎ。付けまつげの間違った付け方など、自まつげが損傷することを避けて、大切なまつげをキープしていきましょう。過剰に付け過ぎるとまつげが減ってしまいます。私はリクエストがあってもお客様のまつげの状態を見ながら本数を決めています。

③**汚れを落とす**。メイク落としを慎重にしましょう。こすりすぎずに、そっと洗ってくだ さい。ゴシゴシこすったり、強い成分のメイク落としはまつげが脱毛する原因になります。

④**栄養を与える**。まつげに良い食べ物をいただきましょう。まつげはケラチンというタンパク質で出来ています。（髪も同じ）食事はタンパク質を多く取り睡眠は充分に取りましょう。特に成長ホルモンのよく出る22時から深夜2時は熟睡できるように心がけましょう。

⑤**いたわる**。無理のない健康的な生活をしましょう。目が疲れ

Chapter 5 なぜエクステで運命が変わる？

て、血行不良や体調が悪いと、まつげにも影響が出ます。あなたの美しさを表現してくれる大切なまつげです。あなたを生かしてくれる大切な身体です。そしてあなたの大切なメンタルも好きなことで癒してください。

スポーツやジム・ダンスなどで、新陳代謝を良くすることも効果的です。

著者監修の「オススメまつげケア商品（美容液）」はこれ！

まつげと目元の専用ブランド「EYEZ」を紹介！
美しいまなざし作りのために、まつげにも栄養を与えてくださいね。

①

②

③

①**アイラッシュリポゾーン N2**（まつげのケア）
まつげの切れ毛を防ぎまつげを健やかに美しく保つための専用トリートメントです。

②**アイラッシュリポゾーンプレミアム**（まつげのケア）
まつげと生え際の両方に使用できる 2way ブラシタイプ。
美容液成分 15 種類配合でまつげと生え際の両方をケアできる効果の高い保湿美容液です。

③**ホットアイビューティーセラム**（目元のケア）
美容液成分のみを贅沢に配合した自然由来成分 100％の目元用温感導入美容液です。

よくわかる
「つけまつげ」と「まつげエクステ」

　お客様に「つけまつげ」と「まつげエクステ」の違いをよく聞かれます。私は、まつげエクステのお仕事をしていますが、時にはつけまつげも提案します。
「場面に応じて使いこなせば、アイメイクとしてどちらも魅力的だからです」

　舞台に立ったり、ショーなど遠目からでも顔の印象を強調したい方には「つけまつげ」がハッキリとして映えます。ドレスや衣装のボリュームがあると、顔のメイクも華やかなほうがバランスが良いのです。（自まつげにボリュームがある方は、まつげエクステでも可能）
　私もダンスを踊るときや大きなパーティーに出席するときは、つけまつげを付けるときもあります。また、年齢的にまつげ自体が少なく、まつげエクステが付けられない方などは、薄付きのつけまつげを上手く付けると若見えの効果があります。
　しかし通常のつけまつげは「形ができた完成された1枚のまつ

Chapter 5 なぜエクステで運命が変わる？

げ」なので、自分の目のカーブや大きさ、生え方の角度にジャストフィットするのが大変です。また、近くで見ると「つけまつげ」だということがわかってしまう場合もあります。

　最近では、アイライン効果のない、ナチュラルなつけまつげや部分的に付けるパーツに分かれている物もあり、変化が楽しめるようになってきました。

社交ダンスメイクも魔法をかける

　私が社交ダンスのプロとして踊っていたときのことです。健康のためにと55歳から社交ダンスを始めたAさんは、今70代。辞めないで継続した記念に、ホテルで開催されるお教室のパーティーで先生とデモンストレーション（実技発表）をすることになりました。

　迷いましたが「大好きなワルツを、ドレスを着て披露できるのは、自分へのご褒美だよ」とお友達に背中を押されて、曲のイメージに合ったドレスもレンタルしました。ストーンの付いたゴージャスなドレスです。懸命にレッスンを重ねました。

　迎えたパーティーの当日は、花束を抱えて来てくれたお友達の姿が見えて、緊張しながらも素敵なダンスを見せたいと気合いが

入りました。

　しかし、メイクをしてみたら、どんよりとした老け顔になってビックリしてしまったのです。パッチリした目になるはずが、「つけまつげ」が瞼にぶら下がって目が開きにくく目頭は浮いてしまっています。キラキラのドレスとは全く合いません。
「こんな顔になってしまって、どうしよう」下を向きました。

　近くにいた私は、Aさんの様子を拝見し、承諾を得てメイクを直しました。明らかに「つけまつげ」のつけ方に原因がありました。

　まず、**つけまつげは３つにカットして、Aさんの瞼に合うように角度を調整してお付けしました。**（本来は、カットしてあるタイプのものを複数バランス良く付けると、ナチュラルに仕上がります）

　アイシャドウは、濃いブラウンが広範囲に塗られていたので、塗り直しました。ベースカラーは明るいベージュピンクに。中央から目尻はドレスと同じ明るめにグリーンを広げてアイラインやポイントシャドウはブラウンを含め、ドレスなのでぼやけないように、しっかりした色で存在感をだしました。

　眉は、**眉尻が長めに上品に細くなりすぎないように。リップは濃い**赤単色ではなく、ぷっくり若々しく見えるようにローズ色を

Chapter 5　なぜエクステで運命が変わる？

混ぜ立体感を作りました。

　そして**仕上げに、キラキラのラメ入りのハイライトパウダー**をオーラのように散りばめたのです。

　3ｍ先から見ても違和感のない、ドレスと一体感のあるメイクです！

　見違えるほどナチュラルで若々しくなったＡさんは、最高の笑顔になり、パートナーの先生の元に飛んで行きました。（可愛い）

　お姫様になったのです。本番はスポットライトを浴びて輝いていました。

私も一緒にワルツを踊った気分でした。
　お友達から手渡された花束を持った記念撮影では、口紅とバラの花との色がコラボレーションしてさらに喜びをかもしだしていました。
「お役に立てて良かった」

 ## 運気をもっと上げるために!!

まつげ＋夢×行動＝幸福な未来

　まつげエクステで綺麗になった直後から、運気が変わった人たちのエピソードを前項でも紹介してきましたが、実は運気が上がらないままでいる人もいます。
　新しい洋服を着ると気分も一新してワクワク感が生じますね。まつエクも同様に新しい気分になるはずです。この気分をもっと発展させなければ運気も生まれないのです。
　夢や目標を叶えるために、ひらめいたり、思いついたことは、すぐに手帳やスマホにメモをして、毎日のように見てください。イメージが湧いたら思い切って行動しましょう！

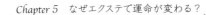

ヴィクトル・ユーゴーの言葉に、To love you is to take action.「愛すること、それは行動することだ」とあります。未来のあなたは作られるのです。そして行動すればするほど、変化が起きます。

過去・現在・未来。今のあなたは過去の結果であることを考えたら、現在のあなたは未来の原因でもあるのです。過ごし方はとても重要です。

前からやりたかったこと、ワクワクすること、思い切ってやってみてください。

一番大事なのは、自分自身をどう見るか

☆自分に自信を持ちましょう

What matters most is how you see yourself.

自分自身を小さく見れば小さくも見えるし、大きく見れば大きくも見える。大事なのは自分自身をどう見るかで結果が変わってくるという言葉の

ようです。

　自分の価値をどうみるかですね。それによって、鏡に映った猫もライオンのようになれます。自己肯定感を上げることです。自信を持って、綺麗になった今のあなたは、思った以上にチャンスを掴めます。まつげ達は、カールの先からチャンスを掴んでくれますよ。

　美は人を幸せにする。チャンスを掴んでさらに美しくなりましょう。

　☆鏡を味方につける

　まつげメイクをしたら鏡を見る回数を増やしましょう。1日に何回鏡を見ましょうか？

　駅でもウインドウでもいいので、自分を見てくださいね。家の鏡を増やしてもいいですね。

　手鏡も持ち歩いて、1日20回は見てください。正面・横顔・伏し目・斜め後ろなど、自分では見えないところは合わせ鏡や三面鏡で。スマホの自撮りでもいいですね。そして褒めてみてください。

　自分を褒めてあげると、閃いてさらに美しくなりますよ。

　職場のあなた、家庭のあなた、プライベートのあなた、あなたの佇まいはまつげの魔法で変化しているはずです。

Chapter 5　なぜエクステで運命が変わる？

☆まつげエクステをして大きな変化が起きる人と起きない人の違いは？

お客様にまつげを付けた、その後を観察してみると、大きな変化が起きる人とそうでない人の違いがありました。

探っていくと、その違いはコミュニケーションの差にあったのです。コミュニケーションを多くされた人は、喜ぶ回数が増え、早い速度で幸せループが広がる効果が出ています。それにひきかえ、家に閉じこもっていて、変化を人に見てもらわないのはもったいない。

会社の人や、家族、彼、お友達は、綺麗になった自分に気づかない人もいますから、瞬きをして是非コメントしてもらいましょうね。

☆まずはお出かけの計画を作りましょう

綺麗になった自分に少し優雅なお出かけをプレゼントしましょう。まつげはドレス。まとったら好きな人に会いに行きましょう。

好きな人がいない方はイベントやパーティーに行ってみましょう。習いごとやサークルもいいですね。また高層ビルの素敵な夜景はキラキラ感をアップします。お気に入りのワンピースでダイヤモンドのエレベーターに乗りましょう！

アルファ型美人とベータ型美人

○アルファ型美人

　他人の心を温かく、穏やかにする美人。感情が安定していて精神も落ち着いています。充実感を持って生きているので、品性があり、爽やかで好感度が高いのです。自分が幸福になるだけでなく、他人をも幸せにします。愛される美人になるには、間違いなくアルファ型美人ですね。

○ベータ型美人

　自分が美しくありたい、他人に負けたくないという気持ちが前面に出て、いつも比較している人。何でも1番にならないと気が済まない。自称美人。感情の起伏が激しいので、愛されにくいのがベータ型美人です。

Chapter 6

幸せを手に入れる 15の法則

1. 表情が決め手！
心の笑顔のつくり方

どんなエクステンションでお顔を綺麗にしても、笑顔がなければ何にもなりません。笑顔は心が作りだすものです。メンタルも健康的に美しくなりましょう。

　楽しいと思うことや、仲良しのお友達とのおしゃべり。あなたは何をしている時が一番笑顔になれますか？　思い出して5つ書き出してみましょう。そして実行してみましょう。

　楽しいと思う心は、表情を明るくし人は集まります。

　まつげエクステに笑顔をプラスすれば、必ず引き寄せの波が訪れるのです。

　思い切り、笑ってみて。あなたの笑顔は自分で思っているよりもっと可愛いですよ。

2. 流れを良くする方法

　流れってありますよね。運気やバイオリズムなどとも言います。気持ち良く進んでいるときと、上手くいかなくて停滞しているときと、必ず浮き沈みがあるものです。

　ジェットコースターのような人生。もがくときもありますが、これをやると必ず流れが良くなるものが幾つかあります。その一つが自分の人生を強力に信じるということです。

　誰かが、ほめてくれなくてもいい。絶対に上手くいく。そして起きることは全て意味のあることと、自分を認めて自分をねぎらい、大切にします。

　このように本当の生き方を確認すると、流れがみるみる良くなるのです。不思議と天が味方して流れが整ってきます。自分のことだけでなく世の為、人の為という使命をもった人は流れさえ良い方向に変えることができるのです。

 ## 3. 裏返しの法則

　起きることは、全て意味がある。とても嫌なことでも、そのおかげで気付きを得ることがあります。病気をすれば健康のありが

たさがわかり、お金を失えば、お金の大切さがわかるように。

　冬の厳しさを知るから春の暖かさがわかるように、経験するということは心を感謝に変えられることを教えてくれます。

　傲慢な態度を誰かにされれば、嫌な思いをした分、逆に自分を大切にしてくれる人の存在に気付き、以前より大好きになってありがとうと言えるのです。だから、起きたことだけに一喜一憂しないで、その裏も見てみよう。感じ取ることができれば、幸せの方向にループが回りだします。全ては自分次第です。

　嫌なことでも、感謝に変えられれば最強ですね！

4. タイミング合わせの法則

　人生で最も大切な一つに、タイミングがあります。人も経済も起きることの結果は全てタイミング次第。あの時ああしておけば、あのときだったら、というようなことありませんか？

　逆にピッタリのタイミング良かった！　助かったということありませんか？

　実はこれらのタイミングは、意味があって起きていることが殆どです。良いことも悪いことも全て意味があるのです。そして合わせることもできるのです。

　時を知るとも言いますね。タイミング合わせが研ぎ澄まされて

いけば、必ず良いタイミングが訪れます。

5. 優しくされると、　　　　　　　　　　　誰かに優しくしたくなる原理

　優しくしてもらうと、嬉しいから笑顔になって周りの人にも優しくなれる。話を聞いてくれて優しく包み込んでもらうと、誰かの話を聞いて元気になってもらいたくなる。

　優しさは優しさを呼ぶ鎖の輪のようになっていきます。

　優しさは愛情の始まりなのです。誰かの話を優しく聞いてみましょう。

6.「相性力」

　世の中、全て相性だと思うのです。幸せになるのも、ならないのも。大切なのは自分と合うものを見つけること。そして選んで取り入れること。なぜなら、人は関わる人や物に深く影響されるから。

　食べる物も身体に合った物なら健康的。洋服も似合ったものなら印象が良くなる。時間を共に過ごす人も、一緒にいて楽しい人や、安心して心地好い人なら癒されて幸せループが起こります。逆に合わない人や物事は、良い結果が出ません。

限りある人生ですから、自分のために相性で選びましょうね。

7. 持ちこたえる力、成功するための心の体力

　思うに、復活力、蘇生力が人間にとって大事だと思うのです。挑戦すると必ず、困難や想定外のことが起きます。そのとき持ちこたえる力があるか試されます。執念があるかどうかということですね。

　私の周りの方々の中には、凄く成功をされている方がいます。見ていると、かなり多くの挑戦をされているのです。あるときは負けもあったようです。でも凄いのは、ひどいダメージを受けても持ちこたえるのです。普通ならとっくにダメになっているはずなのに、逆に燃えているのです。信じられないくらいです。

　そして、チャンスが来たら一気に行く。ボクシングもそうですよね。打たれても、打たれても持ちこたえてダウンを奪う。感動ですね。

　何も困難がない人はいません。信じられないくらいの復活力、成功するための心の体力があるからです。それは負けない執念とも言えます。

8. 好きな人に愛される 3つのレシピ

「好きな人いる？」

「はい。何となくいいな〜という人は。でも自信なくて告白できないんです」

「じゃあ、教えてあげる。僕は、これで奥さんを射止めたよ」

「なになに？ 私でもできるかな？」

「誰でもできるよ。僕でも出来たんだから」

「教えて、教えて！！」

「一つ目は、まず、"まめ"であることだね。メールや LINE のレスは、早く相手の反応を見ながら、適度に爽やかに連絡入れるんだ。しつこいのとは、違うよ。大事なのは相手が喜ぶ内容にすることだね。

　二つ目は相手の話を良く聞くこと。話を聞いてくれる人には心開くし、好かれるよ。安心してくれるよ。自己中で自分の話ばかりしてはダメ。

　そして、三つ目は甘え。男女とも甘えられると嬉しいんだよね。頼りにされてるみたいでね。でも、ちょっぴりがいい。依存しないで」

「うん、うん。"まめ"な人には負けるね。甘え上手な人は可愛いよね。

これってビジネスにも、当てはまるところもあるね。相手の気持ちを考えて思いやりを持った対応。愛されることを望むより、自分が相手を愛することが大切ですね」

「その人の欠点すら可愛くいとおしく思えて、無償の思いで相手の願いを叶えてあげたい。そう思えるのが本当に愛すること。結果的に愛されると思うね」

「好きな人の笑顔が自分の幸せ。相手の幸せを心から祈る。人は必ず最後の日、お別れのときがやってきます。今、命あることに感謝して幸せを願えたら良いですね」

9. 境涯革命計画表

最近、いろんな勉強をしていると「管理能力」が、やっぱり重要だなと感じます。中でも自己管理が最も大切だと思うのですが、なかなか自分のことは難しいですよね。

人生には限りがあるので、いつかは変わりたい。それには「境涯革命計画表」を作りましょう。そして定期的に更新します。

これは、自分がより良く変わって行くための計画表のことです。

まずはやりたいことを、期日を決めて、そのために必要な手段と思われることを可能な限り書き出すのです。10個、20個……。

このとき、重要なのはダメかな？ とか、無理かな？ とか思う気持ちや感情をひとまず、別世界に置いて、ひたすらバカになって書き出したことを、黙々とやり続けることです。

弱い自分が出てくると逃げや諦めに負けます。だから、黙々と1%でも可能性があることを書き出してやってみる。すると思わぬ結果が出てきて、やりたいことがどんどん叶い出します。パズルが周りから、はまり出すのです！

どうしてもの法則＋境涯革命計画表は強い味方です。まずは自己変革から頑張ってみてください。

10. どうしてもの法則

願いを叶えたいとき。それが、どうしてもの願いなら、どうしても、どうしても、どうしてもと、朝も思い、昼も思い、夜も思うのです。まるで恋をしているみたいに思い続けて努力をしたら、流れが変わって、自分が変わり、出すエネルギーが変わり、周りが圧倒的エネルギーに押されて協力者があらわれます。

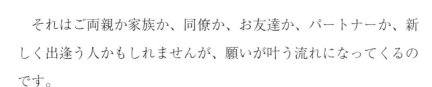

　それはご両親か家族か、同僚か、お友達か、パートナーか、新しく出逢う人かもしれませんが、願いが叶う流れになってくるのです。
　どうしてもの願いを強く思うなら、その情熱で、叶うための道しるべが見つかり、不可能を可能にすることができるのです。

　私は「どうしてもの法則」が大好きで、沢山おねだりしています。
　夢と現実は繋がっていますから、チャンスを更に手に入れてくださいね！　幸せを掴んでくださいね！

11. もう少し目が大きかったら

　私は子供の頃から、目が小さいのが悩みだったと前に書きました。おばあちゃんと一緒にお風呂に入る度に、「お前、もう少し目が大きかったら美人になれるのになぁ」と湯船の中で言われていました。
　私って目が小さいんだと自覚するための時間のようでした。

　小学生になると、東京で美容師をやっている叔母に「将来何になるの？」と聞かれ、思わず子供ながらに「アイドル」と答えたら、即答で「あんた、ブスだから無理よ」と返ってきました。

「可愛くなりたい」
「可愛くないと夢は叶わないの？」
「可愛いって、なに？」
　あの日から、可愛く見せるための研究が始まりました。
　美容師になり、エステティシャンになり、ダンスも身に付け、まつげエクステを付けて、洋顔になった自分にびっくりもしました。
　そしてサロンを開店、約3万人のお客様にまつげを付けて差し上げました。皆さん、目がパッチリしてお帰りになるときには瞳がキラキラ輝いて、帰られます。自分の目が小さいというコンプレックスがあったから、このお仕事に情熱を傾けられたんです。
　目の細い父親に感謝かもしれません。

　もしも今あなたが、運気が悪いな〜と感じているとしても、大丈夫！うまくいかないな〜
　最悪と思っても必ず好転して良い流れがやってきますよ。そのためには、今、生きていることに感謝し、周りの人に親切にする。
　会う人全員にありがとうという。
　そして女性として必要なのはオシャレをすることです。こだわるだけ、こだわってください。オシャレにたっぷり時間をかけてね。オシャレの力は貴方を引き立ててくれます。自信が持ててウキウキしますよ。ウキウキすると運気が上がってくるのです。

人は楽しそうな人に寄ってきますよね。まずは、自分が上機嫌になることです。そして自分を信じます。そうすると必ず変化が起きてきます。
　私は今まで数々の挫折を味わってきました。しかし、乗り越えたとき、そのことが起きる前以上に人生が好転したのです。

12. 顔は毎日変わる

　私は、顔は毎日変わると思っているのです。体調、心境、前日の食事や行動、睡眠、ストレスなどで、毎朝の顔が違います。だから、毎朝、鏡の前で自分の顔と相談します。着る予定だった服も、違うと思ったら容赦なく変更します。

　まず、今日の顔に似合う色を選びます。女性なら、洋服やリップ。男性なら、ネクタイですね。女性は先にメイクをしてか

102

ら、次に髪型を整えます。男性はネクタイ、洋服を決めてから髪を整えます。

　お顔の中心や、胸の中心をビシッと決めてから髪を整えます。そのほうが引き締まるし、良い気が入るのです。鏡をよく見て、瞳もよく見て、姿勢を正して相談したら、今日のラッキーアイテムが見つかりますよ。似合う物だけチョイスしてね。そうしたら起きることが変わるから。

13. 心身が健康であること

　仕入れて売る、ビジネスの基本ですが、買うタインミングと売るタイミングを間違えると大損になることも。投資や株などの売買はタイミングが命です。

　買いと売りのタイミングがわかれば苦労しません。時には、想定外のことが起きることも多々あります。自分では計りしれませんよね。

　ビジネスだけでなく出逢いも、結婚も、就職も、全てタイミングが合った人と合った所で結ばれます。お互いに、必要とされるからですね。上手くいきたい、タイミングを合わせたい、でも、ここで忘れてはならない重要なことがあります。

　それは健康でいるということです。心身が健康でないと正しい

判断ができないからです。正確な判断ができないばかりか逆に悪いものを引き寄せます。チャンスが来ても掴めないし、体力がないと掴んでも引き寄せられないのです。仮にお金だけ入ってきても、病気をしたら元も子もありません。(比較的お金が入って来た後は病気をしやすい)

そしてもうひとつ「心」の体力も必要なのです。それには適度な運動、悪い影響のない食事や生活習慣に気をつけることです。

何者にも負けない自分のマインドをつくってほしいと思います。

14. 刺激と癒し

あなたはどちらが好きですか？ 人は両方ないと生きていけないようです。

交感神経と副交感神経のバランス、ワクワクする刺激と、うっとりするような癒し。全てポジティブに受け止められたら良いですね。

15. あなたが、あなたの一番の味方

いつも頑張っているあなた。まつげを付けて生まれ変ったら、自分自身を褒めてあげてください。

Chapter 6　幸せを手に入れる15の法則

　笑っているあなた。怒っているあなた。イライラしているあなた。泣いているあなた。

　美味しい物を食べて喜んでいるあなた。

　全てがあなた自身です。

　色々なことがありますが、今のあなたは一生懸命生きてきた結果なのです。

　過去の自分を褒めてあげてくださいね。

　あのときのあなたに「よく頑張ったね」と言ってください。

　過去・現在・未来はつながっているので、鏡の中のあなたを優しく肯定したら、

未来のあなたが幸せになります。

　大丈夫。うまくいく。

Chapter 7

心の10チャンネル

ここまで、まつげエクステを付けることで、美しくなる原理をお話してきました。それにプラスして、私が人生の先輩に励ましとして贈っていただいた言葉と、お客様が元気になるように施術しながらお声掛けした「心の魔法」をお伝えします。

負けない人生

　人は、それぞれ幸せの定義は違いますが、どんな人にも共通して必要なことがあります。
　それは何があっても負けない人生が一番だということです。
　どんなにお金があっても、学歴や地位と名声があったとしても、困難が起きたときに負けてしまい挫折した人を何人も見てきました。
　逆に困難が起きれば起きるほど、立ち向かい強靭になっていく人も見てきました。最終的には、何があっても乗り越えていける強い人が一番幸せなのです。何もない人はいません。困難を希望に転換できる人が最後に勝利します。
　負けないこと、諦めないこと、もしも悩んでいるとしたら、泣きたくなったとしたら、「しめた」と思え。

Chapter 7　心の 10 チャンネル

　人生捨てたもんじゃない。あなたが思うより幸せになれる。自分らしく輝いて強く生きてほしい。何があっても取られない心の中にある財産とは、困難に負けない強い心です。

最強！心の 10 チャンネル

　もし誰かに嫌なことを言われたり、毎日の生活の中で理不尽なことを言わなくてもいいのにと思うことがありますよね。周りの人がみんな良い人で、ポジティブな会話ばかりだったら楽しいですね。でも、大丈夫！気にしなくていいのです。

　人間の心のチャンネルは、10 チャンネルあると言われています。朝起きてから眠るまでなんと 3000 回ほど心が変化するそうです。最悪としか思えない 1 チャンネルから、人にも優しくなれる 9 チャンネルまで。どうしてそんなに変わるのか。
　それは関わる人との縁によって、嬉しくなったり悲しくなったり。褒められれば喜ぶし、けなされれば落ち込むのです。問題なのは振り回されない自分になること。絶対的な強い心負けない心が、10 番目の最強チャンネル。

109

それを強化することが大切なのです。心を磨いて、『何があっても大丈夫！』嫌なことを言ってきた人ですら、優しく包みこんであげられる、そんな自分になりたいですね

チャンスのつかみ方

　幸せを手に入れるには、福を引き寄せなければいけません。福とは＝チャンスです。チャンスは間違いなく人が運んできます。福を運んでくる人を夢先案内人といいます。

　成功するときは、間違いなく夢先案内人が出てくるのです。そのためには人のために、そのキラキラの瞳で、だれかのために行動することです。自分のためにはできても、なかなか他人のためにはできませんが、まつげが後押しします。困っている人の力になってください。

　ボランティアや親孝行もいいですね。人のために行動したら、あなたのために行動してくれる人が出てきます。福の運＝チャンスをつかみましょう。

Chapter 7　心の 10 チャンネル

「あなたに会えて良かった」

　この言葉は、人として生まれてきた自分の価値です。最高の褒め言葉です。人間力で困難を乗り越えてきた人は、多くの人の気持ちを理解できるので、励ましの言葉を沢山かけています。
　まつげエクステをして優しいオーラを身に着けたら、悩んでいる人に励ましループを送りましょう。苦を乗り越えて楽(希望)を与えることができます。感謝の気持ちを持つことは、究極の成功と幸せを掴むことができます。

こんなに変わることのできる
まつげエクステ

　人生において一度はやってみて！　新しい貴女に出会えます。もう一人のあなたを知らないなんてもったいない。
　まつげはドレス。まとったら好きな人に会いに行く。ドレスと言えば世界的ブライダルファッションデザイナーの桂由美先生が

目に浮かびます。残念ですが、昨年御逝去されましたが、91歳でお亡くなりになる直前まで、お仕事をされているなんて素晴らしく、とても尊敬しています。

　桂先生とは、パリコレクション・アジアブライダルサミットで何回かご一緒させていただきましたが、ショーのリハーサルから本番までの仕事に対する厳しい眼差しは、今でもハッキリと覚えています。超一流の仕事術は違うんだと、深い感銘を受けました。
　そして何より、ウェディングドレス（仕事）を通して幸せを届けるという、絶対的な使命感があの輝くユミラインなどのドレスデザインに反映されているのだと思います。
　桂先生の花嫁さんに対する「お幸せに」という真心はインターナショナルに広がっています。優しく穏やかな笑顔は、永遠に忘れられません。
　私もお客様の施術が終了するとき、「夢を叶えてね！　幸せが訪れますように」と思いを込めています。まつげ1本1本は私の子供たちで、お客様の夢のお手伝いをしてねと送り出しているのです。
　ある時はエレガントなデザインを、ドレスと一緒にまとって、好きな人に会いに行ってみてください。

Chapter 7 心の10チャンネル

支援のまつげエクステ、被災地で貢献

2013年1月、東日本大震災の被災地である陸前高田市と気仙沼市の新成人を迎える方々に、まつげエクステを無料で施術するボランティアをしたときのことです。

まつげを付けて差し上げた方から、その日のうちにお礼のお手紙をいただきました。その手紙には、車の中で待っていてくれたお母様から「優しい顔になったね」と言われて嬉しかったこと。コンプレックスを持っていた自分の目を少し可愛いと思えたこと。成人になる不安に対してちょっぴり勇気をもらったことなどが書かれていました。

このキャラバンは「まつげで元気に」という私の理念から、復

興を担う若者たちに未来への希望や勇気を与えたいという思いで企画したものですが、その思いがこの女性に届き、感動していただき、彼女のお母様にもその感動が私にも返ってきて、この企画に関わった人々、皆が幸せな気分になったことに、私も含めスタッフみんなで感動したのでした。

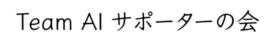

Team AI サポーターの会

　現在、私のlineグループのコミュニティーに、志高くまつげエクステで社会に貢献するグループ「Team AI」があります。まつげエクステの勉強会や交流会、ボランティア活動、社会貢献につながるイベントを開催しています。

　同時にサポーターの会があり、全国に皆様を応援してくださるメンバーの方々がいらっしゃいます。これからも被災地やフレイル・ひとり親の方々、必要としている方々にまつげエクステで元気をお届けしたいと思います。

　是非、参加・応援してくださいね。

エピローグ

　美は人を幸せにする。まつげは勇気をくれる。性別・年齢・立場関係なくチャンスをつかめば成功できる。

　15年の間、お客様との語らいの中で思ったことです。サロンを開いた時は人生において、逆境であり、どん底のときでした。毎日、「どうしよう」とため息をついてしゃがみ込んでいました。

　新潟という地方出身の私は、都心の生活が心細く、寂しく、不安で、よく泣いていました。

　そんな中、祖母が毎日、近所の人の悩みを聞いて、励ましている姿を思い出しました。私も美容で、自分にできることで誰かのお役にたちたい。

　勇気を出して、目黒に小さなサロンを作りました。お客様が高揚するように、選んだピンクのバラの壁紙のサロンでドキドキしながら待ちました。

　「何のお店ですか？」

　階段を3階まで上がって、お客様が扉を開けてくださいました。

　まつげエクステを付けて、お茶を出してたくさんお話をしました。お　客様はまつげを付けることで、笑顔になってくれました。

　通ってくださるお客様の人生が、どんどん幸運に向かっていくのが嬉しくて、毎日、毎日一生懸命まつげエクステを付けました。

　3万人以上の数え切れないお客様と、一緒に鏡を手に泣いたり笑ったりして、幸せを感じました。

　お客様の幸せを願う私は、実はお客様に幸せにしてもらっていたのです。お一人、お一人、まつげを通じて話してくれた出来事は、ドラ

マ以上に温かいエピソードで、私のつけたまつげ達は、その夢を叶えてくれています。

　美容学校の授業では、デリケートな「お目もと」の施術であること、お客様との距離感が近いので大切に丁寧に触れること、そして安心安全の知識・技術は当たり前に配慮・おもてなし・提案力が大切とお伝えしています。

　それには、施術者自身のメンタルの充実がなければなりません。私が培った経験や体験・知識がお役に立てますよう一層努力をして参ります。

　これからの新しいアイビューティーの発展を祈るとともに、業界の方々、オープン当初から支えていただいたお客様、今回本づくりを受け入れてくれた「笑がお書房」の伊藤様、そして読者の　皆様に感謝の思いを込めて、これからもまつげエクステンションの魔法を追求していきます。最後まで本書をお読みいただきありがとうございました。「ときめきはまつげから」幸せループをあなたに。

　　2025年3月　　　　　　　　　　　　　　　　　　　鈴木 愛

●参考文献
・AI　SUZUKI　INTERNATIONAL　ページサンプル
・アイラッシュ・メイク技能検定2級テキストブック
・α型美人のすすめ

● Special thanks
・Team　Ai
・小清水増美　瀧澤裕子　多出村妙子　野口愉理子（敬称略）

鈴木 愛（Ai Suzuki）
美容家・まつげエキスパート
厚労省まつげエクステンション教育プログラム構成委員

新潟県出身。(株)アイ・スズキインターナショナル代表。東京・青山でPRETTIST AI(プリティスト・アイ)を経営。幼い頃から美に対する興味が強く、ひたすら美の表現を追求してきた。2008年にまつげエクステ専門店プリティスト・アイをオープン。美容と心理学を合わせたカウンセリングで来店者の悩みや希望に合わせた施術を行い、10～80代までの幅広い層に支持を受けている。

美容学校講師はじめ国内外で教育に携わり、教え子たちは数々のコンテストで金賞等を受賞している。まつげエクステを通して現在まで3万人を幸せに導いてきた。

東京都美容生活衛生同業組合・コンテストまつげエクステ部門審査委員。アイビューティシャン検定認定講師。日本理容美容教育センターまつげエクステンションABE資格取得。まつげ美容液「EYEZ」ブランド監修。JSTD日本ダンス教師協会理事。日本メンタルヘルス協会心理カウンセラー。管理美容師・福祉美容師。全日本美容講師会所属。

著書に『自信のない女の子も幸せになれる方法』(2011年、PHP研究所発行)がある。

- ホームページ
  http://prettist-ai.com/
- Facebook
  https://www.facebook.com/share/19sCLEC698/
- インスタグラム
  https://www.instagram.com/ai.suzuki.eyelash?utm_source=qr&igsh=ODV0bmZ5azg2aTN1
- ブログ
  https://ameblo.jp/ai-suzuki-ai/

※募 集
- 「まつげの魔法」幸せまつげのつくり方講座
- 美容メンタルアドバイザー講習
- 愛の若見え変身メソッド講座
- 「THE アゲメン塾」

幸せを呼ぶ「まつげ」の魔法
2025年4月2日　第1刷発行

著　者	鈴木　愛
発行人	伊藤邦子
発行所	笑がお書房
	〒181-0004東京都三鷹市新川4丁目25番2-404
	TEL0422-29-6223
	https://egao-shobo.amebaownd.com/
発売所	株式会社メディアパル（共同出版者・流通責任者）
	〒162-8710 東京都新宿区東五軒町6-24
	TEL03-5261-1171
編　集	伊藤英俊
デザイン	木下萌映（カバー）市川事務所（本文）
イラスト	日笠隼人（カバー）板垣　麗（本文）
印刷・製本	シナノ書籍印刷株式会社

■お問合せについて
本書の内容について電話でのお問合せには応じられません。予めご了承ください。
ご質問などございましたら、往復はがきか切手を貼付した返信用封筒を同封のうえ、
発行所までお送りくださいますようお願いいたします。

・本書記載の記事、写真、イラスト等の無断転載・使用は固くお断りいたします。
・本書の内容はすべて著作権法によって保護されています
・落丁・乱丁は発行所にてお取替えいたします。

定価はカバーに表示しています。

©Ai Suzuki / egao shobo 2025 Printed in Japan
ISBN978-4-8021-3496-5 C5077